ME CRECE TU NOMBRE COMO UN FRUTO DE AGUA

LUIS REYNALDO PÉREZ

Luis Reynaldo Pérez
Me crece tu nombre como un fruto de agua

La Pereza Ediciones

Me crece tu nombre como un fruto de agua
© *Luis Reynaldo Pérez*

© De esta primera edición 2024,
La Pereza Ediciones, USA
www.lapereza.net

Directores de la colección:
Greity González Rivera
Dago Sásiga

ISBN: 978-1-6237524-2-2

Diseño de los forros de la colección:
Estudio Sagahón / Leonel Sagahón
www.sagahon.com
Portada y Maquetación Julián Herrera

ME CRECE TU NOMBRE
COMO UN FRUTO DE AGUA

LUIS REYNALDO PÉREZ

I
ME CRECE TU NOMBRE
COMO UN FRUTO DE AGUA

UN ÁRBOL DE LLUVIA ME MUERDE LOS DEDOS

Bajo el aguacero escribo tu nombre,
dibujo sílabas como si trazara tu rostro.
Susurro una oración al viento.
Presiento tu boca
sobre mi boca.
Te dibujo en el aire
mientras tu nombre
me crece un tatuaje de cenizas en el pecho.

NO ESCUPAS RAÍCES DE LUZ SOBRE MI ROSTRO

No escupas muchacha piel de geranio
raíces de luz sobre mi rostro.
No vistas mis manos
con la humedad finita de tu voz,
no escribas adioses de tilo en mi pecho,
no escupas raíces de luz sobre mi rostro
y déjame beber el rocío que rueda
por tu vientre de auyama.
No escupas, muchacha de lluvia,
raíces de luz sobre mi rostro
y duerme otra noche sobre mi cuerpo
cedro y espuma.

MÁS QUE NADA TU PIEL

Extraño ahora la lluvia en la ventana,
el resplandor de la luz sobe los espejos,
tu rostro de abril y aleluya,
tu pelo de maraña y almendra,
tu boca,
tu pubis,
tus muslos sal y chulería,
pero más que nada tu piel,
cocuyo y semilla,
en la que tantas veces, vestido de mala fe,
viví la muerte de los amantes

DESENCUENTRO

Almas gemelas se encuentran y se dicen adiós...
De una bachata de Raulín Rodríguez

Tener una mujer atada al deseo,
intuirla en el vacío que horada tus noches.
Saber que no es tu nombre ese nombre
que atraviesa su boca.
Saber que no es tu mano esa mano
que exprime los gemidos de su sexo.
Saber que no es tu lengua esa lengua
que hace brotar pájaros de fuego
en su vientre.
Saber que no eres tú la lujuria
que recorre su espalda,
la humedad que alborota su piel.
Llegar a destiempo.
Quedarte colgado en un amor
que rueda
hacia la nada.

MUCHACHA QUE COME ROSAS

Un nombre mancha esquinas temblor
besa ahora la frondosidad,
lluvia el pliegue de mi pecho
nómbrame caracol o luciérnaga,
desmuéreme con cadencia enfermiza:
mequierenomequieremequiere.

INVENTARIO DE CERTEZAS

Junco amoratando orilla de río,
rabia cimbrada en mis dedos,
alguna palabra de limo recorriendo mi
lengua,
esa gota detenida en la ventana:
un balde de estrellas.
Intermitencia de cenizas,
remolino de silencio,
palidez encendida de una noche de agosto,
luna felina acurrucada en mis hombros,
esa mancha de sílabas colgada en los
dientes,
esta noche de viento opaco y remoto,
este desatino que retoza en las acacias.
¿Dónde estás aparición de girasol
y agua lluvia?
¿Dónde tus pies derraman
caracoles a sus pasos?
Ven a llenar con la luz de tus huesos,
con el ensortijado palpitar de tu pelo,
con la sirena lasciva que vive en tu boca
esta soledad salitre que invade mi cama.

MUJER DE NIEBLA

No desembarques en este día sin sol
sigue sobre el viento que te ampara.
No camines por esta ciudad arrugada
de espantos y lluvia.
Quédate con las risas acumuladas
apretadas al pecho.
Déjame aquí:
quemándome en el fuego de tu ausencia.

COLIBRÍES EN TUS CADERAS

Sembradío de colibríes vestidos de lluvia
se arrima,
me clava cantos champola y miel,
aletea en mi boca atestándola de rocío.
Revolotean en mis ojos:
hontanar de plumas y romero.

CORTOMETRAJE CON LLUVIA

Decir adiós bajo la lluvia:
hormigas lamiendo ojos:
ceguedad de tu nombre en mi lengua.
Distanciados pasos,
avecindada nostalgia que tiembla:
pájaro moribundo entre nosotros.

DESLINDAR CAMINOS
DE LUJURIA

Sobre tu vientre asperjado
bosquejar coordenadas de piel anochecida
hacía el sur siempre al sur
descolgarse en la lascivia melaza y jengibre
sobre los muslos de la noche
sílabas de miel.
Como no lujuriar con tu boca:
rosa lasciva.
Como no lujuriar con tu lengua
aguijón que recorre mis ganas
y enciende a los pájaros furtivos del deseo
los mismos pájaros que aletean con alevosía
sobre las montañas de leche
erguidas en tu pecho.
Como no recostarme sobre tus gemidos
y quedarme ahí contemplando
la radiante desnudez
de tu cuerpo hojaldre y clerén
y a lo lejos luna de espuma
que cuelga del viento
se resquebraja señera
sobre un remolino de quejidos.

ÁNGEL EN
PANTALONES CORTOS

Estrellada en los trinos del viento
eres descascarada oración que palpita
melodía de ruiseñores muertos.
Pintarrajeas los muslos del día
con esperanzas podridas.
Tu nombre:
razzia de lágrimas
que se clava en mis dientes.

UN GORRIÓN POSADO EN EL VIENTO REPITE TU NOMBRE

Destejer besos entre el almíbar de tu pelo
y el jengibre de tus muslos.
Bailotear en tu pecho:
hormiga de hule inventa la noche.
Caminar por el filo de tus caderas:
malabarista de luna y mamajuana,
fantasma de semen que divaga tu pelvis.

VOZ QUE REVIENTA

Como una bandada de balas
que surcan el cielo
reventarán las palabras
romperán nubes anidadas viento.
Si ese es tu deseo
de los montes iluminados de agua
haré venir a los árboles
con sus cabelleras preñadas
de gorriones y soles.

CROWS

Los cuervos que anidan en tu pelo
me sacan los ojos,
los sostienen en sus picos
como cerezas de luz
hacen malabares,
los meten en tu boca:
te miro comerlos,
saborear la fruta madura de mis pupilas.
Me miras mirarte
y acaricias las cuencas descabaladas.
Al toque de tus dedos me van creciendo dos
ojos:
agua liviana en la que te miras.

MANUAL PARA
CAZAR UNICORNIOS

En silencio,
como se acerca un nombre tras la puerta
o una certeza,
así has llegado.
Vienes sujetando amapolas entre los dientes
y en tus pechos de azul y geranio
traes la gloria.

UNA PALMERA VESTIDA CLERÉN BAILA FRENTE AL MAR

Una gaviota atraviesa tu nombre,
atisba envidiosa nuestros cuerpos
lianas de azogue y medianoche.
Me emborracha el azul
que bebo en tus poros.
Marabunta sal y pimienta,
lengua aguardiente sol.
Nube sobre tu pecho desmigaja pelvis.

CARDUMEN DE LUZ
QUE DUERME EN TUS OJOS

Anclado estoy al cardumen de luz que
duerme en tus ojos,
al pistilo de sal que se agita en mis dedos,
al pez de canela que se retuerce en tu
vientre.
Prendido estoy a esta nostalgia que duerme
en labios,
a esta soledad que languidece en la noche,
a este bosque de nubes en el que habita tu
nombre.
Atado estoy a este río que recorre tu pecho,
a esta hoguera detenida en mi lengua.
Muriendo estoy por beber del cardumen de
luz que vive en tus ojos.

MANCHA

Tu nombre me crece:
círculo de guarapo en el pecho
grito de anís en los dedos:
soledad.

LASCIVIA

Asperjar tu nombre en mis muslos.
Sembrarlo en mis poros:
amapola o rocío.
Templarlo:
cuerda de saliva que me ata.

LLOVIZNA AMARILLA CON BLUES DE FONDO

Lluvia de media luna y naranjo nos espera
y aquí entre estas paredes de semifusas
saladas nos mordemos las ganas
navegan los peces del deseo
despiertan los pájaros lujuriosos del viento
morimos en un estrepitar de blues y saliva.
Aquí entre estas paredes
de corcheas errantes
zozobramos en sudor
mientras la lluvia va pintando
de girasoles la noche.

CARTA DE RUTA

Navegar: velero en tu lengua
temblar en tu boca deshecho en ti:
naufrago.

VICIO

Mi vicio eres tú
estas ganas rabiosas que tengo de ti
y de tu cuerpo girasol hendido
sobre mi cuerpo hoja llovida
y de tu boca entibiada de cilantro y fruta.
Mi vicio eres tú:
tentación y lujuria ardida en mis dedos.

LUNACIÓN

Rayada de naranja y lujuria
esperas ser fumada.
Transmutan las gotas de tu sexo
y tu nombre temblor y presagio
prende un agua de fuego.
Como un animal ciego
bamboleo sobre tu lengua:
transido de ti,
rabioso de ti.
Víbora de nubes que repta tu cielo:
busco entrelazarme
en tus muslos de sombras:
huérfano sin el torrente de tu boca.

POEMA DE LUNES
EN LA MAÑANA

¿Qué es esta palpitación
de pájaros salobres en mis dedos?
¿Acaso tu nombre?

IDA

Tus piernas de hoja lluviada
enredarán otra cintura.
Mi lengua, tentación y amapola
navegará otra saliva.
Pretendido sueño descabalado en el viento.
¡Ay! mi cuerpo sin ti:
como un barco deslavado y solo,
como una desierta inquietud de besos.

POEMA DE LA AÑORANZA

No hay nostalgia peor que añorar lo
que nunca jamás sucedió.
JOAQUÍN SABINA

1.

Esa noche tu sonrisa
se quedó colgada en mi pecho
y un deseo de caminar
como una hormiguita de azogue
sobre tu cuerpo de leche y almendra
subía por mi espinazo
esa noche te metiste en mí
como una explosión de estrellas
transitando en mis poros.

2.

Algunas noches
mientras la música revienta en las paredes
y la oscuridad va tragándose a la ciudad
tu recuerdo viene sigiloso
y me araña las ganas
de transitar libre
por tus caderas de albahaca
dormir sobre tu vientre

de palisandro y clerén
y beber en tu boca de cayena
la humedad de ruiseñores
que habita en tu lengua.

3.

Estás
recuerdo de yerbabuena
que late en mi memoria
estás
aunque mis manos podridas de esperanzas
no puedan tocar tu piel de cocuyo y ceniza.

RAMILLETE DE SOMBRAS EN MI PECHO

La luz se negó a salir
se apagó la lluvia,
se secó el tiempo,
se quemó la radiante orilla de nubes.
En la pared una helada estrella late
como un cadáver de perro
entre esta negritud que empapa la ciudad.
Los cocuyos sin patria alumbran tu pelo
y a lo lejos las chicharras preñan el cielo
con su canto.
En el aire hay gusanos
escarbando su memoria:
una sacudida de sangre
remueve la existencia.
Gobierno de silencios se trepa
entre nosotros que caminamos como árboles
sin raíces
en esta ciudad de mierda.
¿Quién eres?
Vocación de dudas martillando mis huesos.
¿Quién soy?
Desorden hecho carne que pudre las aceras.
¿Quién soy?
Ovillo de sueños roto sobre el asfalto.

¿Quién soy ahora?
Relámpago que quiebra la tarde,
belleza desafinada que vive en tus labios
¿Quién eres?
Ramillete de sombras en mi pecho.

ME CRECE TU NOMBRE COMO UN FRUTO DE AGUA

Me crece tu nombre como un fruto de agua
que cuelga en mi vientre.
Me crece tu nombre en una tarde de agosto
y melaza.
En un rincón cualquiera de la lluvia
se esconde tu nombre de clerén y alcanfor
lamiendo mis caderas.
Tu nombre navío de miel
es bandera que arbolo en el viento.
Como un fruto de agua me crece tu nombre:
amapola y temblor aleteando en mi boca.

II
MONEDAS

Una mujer desnuda, prendida en mi abandono,
disfrazada de todas las formas del deseo.

JOSÉ MÁRMOL/*Criatura*

1
DE LA PIEL

Mujer soplada, duplicada,
llena eres de mundo.
ALEXIS GÓMEZ ROSA/*Fantasía de un paisaje*
adscrito a su leyenda

1

Revelación de temblor y melaza
nuestras bocas:
perfectas piezas recostadas en el horizonte.

2

En tu espalda
camino de estrellas
que mis dedos transitan
con la paciencia del peregrino
que no tiene más oficio
que recorrer los predios lunados
de tu piel.

3

Recorrerte entera:
península preñada de lirios.
Soñar en tu orilla ebrio de lujuria
y del delirio de flor que duerme en tu pelo.

4

Camino en tus poros:
cigarra que come la noche.
Cultivo estrellas en tu piel
desmadejándote con las yemas de los dedos
como si fueras luz que se deshace
entre estas sábanas de sal que nos cubren.

5

En tu piel
la noche desciende:
sembradío de luz
anidada en tus poros.

6

Remembranza de semilla y sol
argamasa de albahaca.
Anochecida tu piel:
jaula de sudor y espanto en la que me
guarezco del silencio.

7

Mirarte así,
hoja llovida en la tarde,
desamparado en el alga de tus ojos.

8

Tu boca:
lujuria posada bajo la lluvia.

9

Tu piel:
medular explosión de cenizas
que interrumpe la noche.

10

Soy una lengua
sembrada de palabras
que se incendian.

11

Sembrada de albahaca y viento
una mujer
renace cada noche entre mis dedos.

12

Masticar despacio los pezones de hierba.
Hundir los dedos en el agua lujuriosa
de tu sexo.

13

Ser una rosa de saliva
en su boca
o un pájaro de papel
tendido en la noche.

14

Tu cuerpo:
barco que navega marejadas de sudor:
un cuerpo de agua encendido deseo,
un cuerpo dibujado sobre el viento,
un cuerpo veneno y furia,
un cuerpo que es gruta y lago.

15

Nuestros cuerpos:
lianas ardidas en el sereno fuego del placer:
dos cuerpos flor y espuma,
dos cuerpos médano y ribera,
dos cuerpos sol y yerba,
dos cuerpos asidos en su pequeña muerte.

2
DE LA AUSENCIA

¿En qué domicilio del viento están tus ojos,
en qué domicilio de alondra está tu boca?
ENRIQUILLO SÁNCHEZ/*En qué domicilio del*
viento están tus ojos

16

Esta tristanía
de la noche sin tu boca:
insomnecida.

17

Pájaro desatado del viento
voy cayendo en el abismo sin tu piel.

18

Virutas de ojos arquean la noche:
alucinación de tu nombre en mi boca.

19

Atristado trisar del viento
en esta noche de tu ausencia.

20

Aletea la tristeza a mi vera:
pez de lumbre que revuelve
cada pequeñísimo poro,
cada fracción de membrana,
cada respiro,
cada hoja lluviada:
amarillo temblor perdido en la tarde.

21

Tempestad de raíces diluviando mi pecho
framboyán y laberinto
cimbrada luz de silabas pequeñas
enredada en mis párpados.

22

Sembradío de volcanes mis dedos
trepanación y celaje:
desdoblada luna que pende del viento
devanando tu nombre.

23

Dibujarme yo en la iniquidad
de esta desolación atroz
desprendido animalito de luz
corcoveando en la noche.

24

Caminar esqueleto de lluvia
celaje de hojas que ondea la noche
espantajo salitrado
arrullo de labios:
temblor.

25

Como un bostezo
tu ausencia agujerea
el silencio de la madrugada.

26

Bajo la piel
otra piel de gritos y saliva
reconstruye palmo a palmo tu ausencia.

27

Solo soy una llama silente
anclada en el centro mismo
de tus poros.

28

Un latir lento sobre la acera:
mi corazón moribundo dice tu nombre.

29

Sembrada dentro
eres amanecer de luciérnagas
que palpita en mi pecho.

ÍNDICE